AF476228

MÉMOIRE,

POUR les Citoyens détenus dans les prisons de Toulouse, pour cause de rebellion.

PRÉSENTÉ au Citoyen RABAUT le jeune, Délégué du Gouvernement dans les Départements de la dixieme Division Militaire.

LA translation d'un Conseil de Guerre à Toulouse, est une des grandes calamités qui aient affligé cette Commune depuis la Révolution. Dans un temps qui n'étoit pas tout-à-fait celui de la terreur, elle nous a présenté tout ce qu'avoient eu de plus effrayant les Tribunaux révolutionnaires; avec la différence, que ces Tribunaux exerçoient légalement leur affreux pouvoir; au lieu que c'est sans pouvoir légal, que les Conseils de Guerre envoyoient à la mort nos Concitoyens.

Envain le Ministre de la Justice *Cambaccrès* avoit essayé de prévenir cette usurpation du droit de vie et de mort; son instruction fondée sur la Loi, fut soigneusement soustraite à tous les regards : plus d'un mois s'écoula avant qu'aucun prévenu pût en avoir connoissance; et lorsqu'enfin l'un d'eux l'eut découverte, et la publia, douze ou quinze autres avoient déjà péri victimes de cette criminelle soustraction.

Tout le monde lut avidement cette instruction précise et lumineuse, et au milieu des regrets qu'elle n'eût pas été plutôt connue, on bénissoit la providence, qu'enfin les nombreux prisonniers (il y en avoit près de trois mille) fussent rendus à leurs Juges naturels : vain espoir ! Le complot étoit fait entre l'autorité Civile et l'autorité Militaire, pour que, malgré les Lois et les ordres de celui qui est chargé de leur exécution, la préférence restât au Conseil de Guerre, comme plus expéditif, et ôtant aux prévenus les moyens qu'ils auroient devant le Tribunal ordinaire, de repousser et de confondre la calomnie.

Un cri général d'indignation s'éleva, lorsqu'on vit d'un côté le Directeur du Jury de Toulouse, *Geraud Trébos*, déclarer qu'il continueroit comme il avoit commencé, d'envoyer au Conseil de Guerre tous les prévenus du crime de rebellion ; et d'autre part le Conseil de Guerre mépriser les preuves qu'on lui donnoit de son incompétence, et poursuivre le cours de ses sanglantes expéditions.

En approfondissant ce complot, un des plus horribles que le pouvoir judiciaire ait jamais ourdi, on vit que les précautions avoient été prises d'avance et de longue main : *Geraud Trébos* étant le seul de tous les Directeurs de Jury qui eût l'intrépidité nécessaire, pour cette grande et persévérante injustice, on avoit ordonné aux autres de lui renvoyer tout ce qui avoit trait à la rebellion, afin que réunis sous sa main, tous les prévenus fussent par lui envoyés aux Conseils de Guerre.

Qui donc avoit donné cet ordre ? Faut-il le demander ? Celui qui auroit dû empêcher cette réunion, l'Accusateur public, à qui les Ordonnances de compétence doivent toutes être envoyées ; et qui, s'il n'avoit été l'un des auteurs de ce désordre, auroit dû l'arrêter sur-le-champ.

Loin de remplir ce devoir, le citoyen *Saint-Laurens*, Accusateur public du Tribunal Criminel de la Haute-Garonne, dominé par la force qui l'avoit mis en jeu, n'avoit garde de compromettre sa popularité. Quiconque avoit l'ambition de remplir et de conserver certaines places à Toulouse, se soumettoit nécessairement à l'influence d'une Société qui, sous le nom de *Club*, de *Cercle* ou de *Réunion* a toujours été très-puissante, moins par les vociférations de ses orateurs, que par les résolutions de ses Comités.

L'un de ces Comités appellé de *Communication*, s'étoit emparé de la direction des poursuites et des jugemens. C'est là qu'on regloit dans quel ordre et à quelle époque seroient décernés les Mandats d'arrêt et les Ordonnances de compétence ; auquel des deux Conseils de Guerre appartiendroit telle ou telle procédure ; et quelle peine seroit infligée. Là se combinoient les listes et l'endoctrinement des témoins à charge, et la liste plus redoutable encore des forcenés qui entoureroient le Tribunal, et par leurs cris appelleroient la mort sur les têtes que le Comité auroit proscrites.

Pour rendre plus meurtrieres les armes qu'on y aiguisoit, il falloit les envelopper des ombres du mystere. Le citoyen *Delport*, membre de ce Comité, en fut expulsé, uniquement parce qu'étant défenseur de quelques prévenus, on craignoit qu'il n'abusât en leur faveur de ce qu'il y pourroit voir ou entendre.

Un incident heureux pour le succès des mesures qu'on y prenoit, fut la nomination du citoyen *Double* à la place de Commissaire du Gouvernement près le Tribunal Criminel. Créature de *Destrem* et des autres membres de notre députation, qui ont joué un si grand rôle dans la faction de Prairial, ardent *Sociétaire*, sous la feinte douceur d'une physionomie équivoque, il assuroit par son seul assentiment (et il ne s'est pas borné là) l'exécution de tout ce qu'on résoudroit dans cet épouvantable Comité.

Il n'étoit pas à craindre que le Conseil de Guerre, qu'on se proposoit d'alimenter ainsi, se refusât à cette extension donnée à sa compétence. Des Militaires sans instruction, et dont l'imagination étoit journellement exaltée au Théâtre, dans les Cafés, dans les Assemblées du *Cercle*, devoient être naturellement portés à accueillir tout ce que le Directeur du Jury leur enverroit : il n'étoit question que de les prémunir contre les réclamations de la Justice et de la raison ; et pour cela le hazard les servit mieux, que les plus savantes combinaisons.

Dans l'un des Conseils dont l'ensemble forme la juridiction militaire de chaque Division, étoit un homme que sa réputation avoit précédé à Toulouse et annoncé comme un fléau destructeur. Son nom seul faisoit frissonner. Ses partisans conviennent que sa sévérité est extrême et la constance de sa volonté invincible. Ils le regardent d'ailleurs comme un aigle ; et il est certain que ses collegues, officiers et sous-officiers, étoient en extase devant lui, recevoient ses décisions comme des oracles, et n'osoient lutter contre sa supériorité.

Avant qu'il arrivât à Toulouse, on disoit que tous les prévenus dont la mort auroit été arrêtée dans le Commité de *Communication*, seroient livrés au Conseil qu'il présideroit ; et l'on ne se trompa point. De là cette désolation, ce deuil anticipé dans les familles de tous les infortunés, qui, suivant cette désignation, ont été effectivement condamnés à l'avoir pour Juge.

Ce terrible état de Juge Militaire ne peut avoir de charmes pour per-

A 2

sonne. La Loi prévoyant la répugnance de ceux qu'elle y appelle, n'a cru pouvoir la vaincre que par la crainte d'une grande peine. Pour trouver des Officiers et des sous-Officiers qui voulussent être membres d'un Conseil de Guerre, il a fallu les menacer d'être destitués et punis de trois mois de prison. (1)

Celui dont nous parlons ne ressemble point aux autres : c'est par goût et par plaisir, qu'il s'est dévoué et se dévoue chaque jour aux epines et aux angoisses de cet état. Étranger à la dixieme Division Militaire, où se trouvent d'autres officiers de son grade, ce Juge rédoutable n'est ici qu'un Juge d'emprunt. Son ancienneté et une Lettre du Ministre de la Guerre l'appeloient ailleurs ; mais les hommes de sang qui vouloient rétablir la terreur à Toulouse, trouverent le moyen de le faire rattacher au second Conseil de Guerre.

Ils avoient raison ; nul autre n'auroit résisté aux lumieres dont on l'entouroit, aux ordres du Ministre, à l'empire de la Loi, pour se maintenir dans l'usurpation d'une juridiction étrangere à son Tribunal, d'une juridiction qui est le bien d'autrui, et un bien plus précieux que le champ et la vigne.

Cet acharnement, eût-il un fondement légitime, provenant d'une grande passion, rendroit récusable celui qui s'attacheroit ainsi à la poursuite de sa proie ; à plus forte raison, lorsque le persécuteur, hors d'état de dire sur quelle Loi il fondoit son attribution, étoit par cela même convaincu en son ame et conscience, que la juridiction qu'il s'étoit arrogée ne lui appartenoit pas.

Pour bien connoître ce qu'avoit de hardi et d'extraordinaire une telle usurpation, il faut bien se fixer sur les attributions qui ont été données aux trois especes de Tribunaux Militaires qui se sont succédé immédiatement.

Les premiers furent les *Tribunaux Militaires.* C'est à ceux-ci que la Loi du 30 Prairial an 3 donna par son article VI l'attribution de juger les rebelles pris dans un rassemblement.

La Loi du second jour complémentaire de l'an 3 supprima les *Tribunaux Militaires*, et avec eux s'éteignit l'attribution de juger les rebelles.

Les *Conseils Militaires* créés à la place, ne succéderent point à cette attribution. Il fallut une Loi particuliere pour la leur donner. Cette Loi est celle

---

(1) Loi du 13 Brumaire an 5, art. 6.

du premier Vendémiaire an 4, dans laquelle on inséra celle du 30 Prairial an 3.

Les Conseils Militaires furent supprimés à leur tour, le 13 Brumaire an 5, et leur attribution de juger les rebelles arrêtés dans des rassemblemens s'éteignit, comme elle s'étoit éteinte, lors de la suppression des *Tribunaux Militaires.*

La Loi du 13 Brumaire, qui crée les *Conseils de Guerre permanens* ne fait pas revivre cette attribution en leur faveur; elle l'exclut au contraire par l'article IX : *Nul ne sera traduit au Conseil de Guerre, que les militaires, les individus attachés à l'armée, etc.* De sorte que, pour attribuer aux Conseils de Guerre le jugement des rebelles ainsi arrêtés, il auroit fallu une Loi qui non-seulement fût expresse, mais encore qui dérogeât à cette prohibition.

Ce n'est pas sans dessein, que cet article fut conçu et rédigé d'une maniere prohibitive.

Les inconvéniens d'étendre les pouvoirs donnés à de tels Tribunaux, avoient été sentis long-temps auparavant. Déjà le 27 Germinal an 4, la Loi contre les attroupemens séditieux, avoit soumis ceux qui en seroient prévenus à des Jurés spéciaux d'accusation et de jugement, conformément au titre XIII *du Code des délits et des peines*, et celle du 22 Messidor suivant, dit, article premier, *qu'aucun individu ne faisant point partie de l'armée, ne pouvoit jamais être traduit comme prévenu, devant les Juges délégués par la Loi Militaire*; bien plus elle vouloit que les militaires prévenus d'un même délit avec un ou plusieurs individus non militaires, fussent traduits devant le Juge ordinaire, avec cette circonstance, que les Procédures commencées devant les Tribunaux Militaires devoient être renvoyées devant le Juge ordinaire.

C'est ainsi que le Corps Législatif travailloit à restreindre l'attribution de la Juridiction Militaire, lorsqu'enfin, la Loi du 13 Brumaire an 5, supprimant *les Conseils Militaires* et créant les *Conseils de Guerre permanens*, ordonne, article IX, que, *nul ne seroit traduit au Conseil de Guerre, que les militaires, les individus attachés à l'armée, etc.*

S'ils étoient restés à Perpignan, ou s'ils avoient été transférés dans toute autre Ville que Toulouse, les Conseils de Guerre de la dixieme Division n'auroient pas imaginé d'étendre leur compétence au-delà des termes précis de cette Loi. La preuve en est dans la Collection qu'en arrivant à Toulouse, ils firent imprimer sous ce titre :

Recueil des Lois concernant le service des Tribunaux de la République, à l'usage de ceux de la dixieme Division Militaire.

Là se trouve la succession des Lois que nous avons analysées. On y trouve encore celle du 29 Nivôse an 6, relative aux voleurs ; celle du 24 Messidor relative aux ôtages, mais on n'y voit rien qui leur donne l'attribution dont le Club les a investis et qu'il a été si difficile de leur arracher.

Lorsqu'ils arriverent à Toulouse, personne, à l'exception de ceux qui vouloient y rétablir la terreur, ne s'y étoit occupé de ces Lois Militaires. Dix malheureux avoient été fusillés et l'on n'y distinguoit pas entre les *Tribunaux Militaires, les Conseils Militaires, les Commissions Militaires, et les Conseils de Guerre.*

Les Juges de leur côté venus pour l'exécution de la Loi du 24 Messidor, qui ne parle que d'une Commission Militaire, et pour un seul cas qui se présenteroit rarement, ne savoit trop ni qui, ni comment ils jugeroient. Ils eussent été reduits à une inaction presque totale sans le funeste complot dont nous avons parlé, et qui, comme on verra, n'a point échappé aux regards du Ministre de la Justice.

Ainsi tandis qu'on entassoit indistinctement dans les prisons, tous ceux qui avoient des ennemis parmi les membres accrédités du Club, Commissaires de Police ou autres Agens des Administrations Municipales, *Géraud Trebos* ajoutoit à sa propre incompétence, l'irrégularité plus grande de les envoyer aux Conseils de Guerre.

Par là ont péri sans Jugement légal, sans information légale, une foule de malheureux qui n'étoient pas coupables du moins aux yeux de la Loi, n'ayant pas été convaincu dans les formes qu'elle a prescrites.

Le cœur saigne, quand on pense que c'étoient pour la plupart des Paysans arrêtés dans leurs foyers, avant l'expiration des délais que la Loi du 24 Messidor (article LXXXVII) leur donnoit pour racheter leurs fautes, en offrant un fusil ; des Paysans qui avoient posé les armes sur la foi de la double amnistie publiée presqu'au même instant et par l'Administration centrale et par le Général Fregeville.

Leurs Défenseurs invoquoient vainement et cette amnistie et cette Loi ; pour toute réponse les Juges en appliquoient une autre, celle du 30 Prairial an 3 ; et quand on leur faisoit remarquer que, par l'article V de celle ci, les habitans des Campagnes n'étoient condamnés qu'à un emprisonnement et à une amende, on répondoit que c'étoient des Chefs. Un Charpentier, un Barbier de Village, le modeste Cultivateur d'un petit domaine, un Valet de labour, un simple Journalier, étoient envoyés à la mort sous la fastueuse dénomination de Chefs, Commandans ou Capitaines.

Et sur quoi se fondoit-on pour cela ? Sur un mot équivoque d'une Enquête qui n'étoit pas même lue, et que le Tribunal ne connoissoit que par l'analyse du Rapporteur ; d'une Enquête dont les témoins innominés n'étoient désignés que par leur ordre numérique, d'une Enquête qui ayant été faite au milieu d'une grande fermentation n'étoit composée que d'accusateurs et de bourreaux.

Les Conseils de Guerre, malgré leurs dispositions à tout braver, craignirent d'en avoir trop fait, lorsque cette façon monstrueuse de procéder leur eut été publiquement reprochée. Ils permirent de faire entendre des témoins à décharge, et dans quelques Procédures le Rapporteur lui-même fit une nouvelle information.

Tandis que les Militaires faisoient à leurs Procédures cette réforme essentielle, mais bien insuffisante, le Directeur du Jury TREBOS déclaroit qu'il ne changeroit rien à sa marche, et que puisqu'il avoit commencé d'envoyer au Conseil de Guerre les prévenus de rebellion, il continueroit jusqu'au dernier. Détermination affreuse autant qu'elle est absurde, puisqu'il en résultoit qu'une premiere injustice doit nécessairement en entraîner une autre, et en d'autres termes, qu'un Juge est essentiellement incorrigible, astreint par son état à continuer sciemment les fautes qu'il auroit faites par inadvertence.

Les choses en étoient là, lorsque le Ministre de la Justice renvoyant au Citoyen Double une Pétition d'Auguste Daguin, le chargea, *s'il étoit vrai qu'il n'eût pas été arrêté dans un rassemblement, de transmettre cette Pétition au Conseil de Guerre, à l'effet d'en obtenir le renvoi de la Procédure au Tribunal Criminel.*

C'étoit charger un incendiaire d'éteindre le feu qu'il avoit allumé. Le Citoyen Double, au lieu de faire les requisitions qui lui auroient fait *obtenir* le renvoi demandé par le Ministre, travailla au contraire *à ne pas l'obtenir.* Sa Lettre Officielle portoit : que le Ministre se trompoit ou avoit été trompé ; que lui Double se chargeoit de le redresser, feignant de croire que c'étoit une Lettre mendiée dans les Bureaux, lui qui avoit dans son porte-feuille l'Instruction du 15 Fructidor, dressée dans les mêmes principes, et fondée sur les mêmes Lois.

Tandis qu'il neutralisoit ainsi les ordres du Ministre, il ajoutoit à cette entreprise un peu hardie, des moyens bien astucieux ; il savoit que la procédure d'Auguste Daguin avoit été remise au second Conseil de Guerre, comme toutes les autres que le Comité *de Communication* avoit marquées d'un crayon noir ; il le savoit mieux que personne, lui sans qui rien ne se fesait dans cet antre de la mort : eh bien ! il s'adressa au premier Conseil de Guerre, n'ignorant pas que cette dénomination de *premier* et de *second* n'est que distinctive, sans aucune subordination de l'un à l'autre.

Peu content d'exprimer ainsi son opposition, il voulut se dédommager de la contradiction qu'il éprouvoit, en portant l'épouvante dans l'ame de celui dont il cherchoit à rendre la réclamation inutile. Il se transporte à la Prison, demande Auguste Daguin, et sans autre préambule que de dire qui il est, il lui annonce que loin de le seconder, il a combatu sa Pétition, et auprès du Ministre, et auprès du Conseil de Guerre, et que sans attendre la réponse ultérieure du Ministre le Conseil de Guerre le jugera.

Un autre Détenu étoit dans la même Prison, qui s'étoit également adressé au Ministre de la Justice, et dont la Pétition avoit aussi été renvoyée au Citoyen Double. A celui-ci, il tint un autre langage : vous n'avez rien à craindre du Conseil de Guerre ; tous les Patriotes vous veulent du bien ; vous avez parmi nous un grand nombre d'amis ; retirez votre Pétition ; consentez à vous laisser juger par le Conseil de Guerre, on vous saura bon gré de cette démarche, et vous en éprouverez d'heureux effets ; comptez sur la promesse que je vous en fais, en leur nom et au mien.

Cette double conversation, en dévoilant les motifs du Commissaire confirma ce qu'on ne savoit que trop, que c'étoit dans le Comité de *Communication* qu'étoit le livre de mort sur lequel Auguste Daguin et plusieurs autres avoient été inscrits avant même d'être mis en jugement. Mais on y vit aussi que le Citoyen Double et ses Adjoints doutoient un peu de la puissance de leurs moyens sur l'exécution de la Loi réclamée par le Prévenu, et ordonnée par le Ministre.

Pour renforcer cette puissance, ils dénoncerent le Ministre au Corps Législatif, et le Citoyen Double, comme de raison, fut un des Rédacteur de cette Adresse mensongere, où l'on disoit du Ministre qu'il vouloit soustraire les coupables à la vengeance des Lois.

Ce qu'il y eut d'épouvantable, c'est qu'on fit périr coup sur coup quatre autres Prévenus qui étoient dans la même espece qu'Auguste Daguin, aucun d'eux n'ayant été arrêté dans un rassemblement. Le premier qui fut ainsi condamné à mort, en réclamant ses Juges naturels, s'appeloit *Esquirol*. On ne doutoit point que le Conseil de Revision, devant qui l'incompétence fut aussi plaidée, ne cassât ce Jugement. Toute la Ville en étoit imbue. Le Conseil de Revision démentit honteusement l'idée qu'on avoit de ses lumieres et de sa justice ; il laissa exécuter de même le Citoyen Tourreil, le Citoyen *Nerexi*, et le Citoyen Daguy, de Lagardelle, qu'on qualifia de Chefs, pour avoir un prétexte d'en faire des victimes.

Les autres meurtres commis auparavant, pouvoient avoir en quelque sorte

leur

leur excuse dans l'ignorance des Juges ; mais depuis que leur incompétence avoit été démontrée, il n'y avoit que des tigres altérés de sang, qui pussent ne pas s'arrêter au moins jusqu'à ce que cette question si évidente pour tout le monde, eut été suffisamment éclaircie pour eux.

Loin de là, le terrible Président du 2.me Conseil de Guerre, triomphant à la fois et de l'opinion générale et de la décision du Ministre de la Justice et de l'empire de la Loi, ne songeoit qu'à étendre ce triomphe sur la vie d'Auguste Daguin.

Il lui étoit échapé de dire qu'il ne connoissoit que le Ministre de la Guerre ; une lettre du Ministre de la Guerre arriva, et lorsqu'il en eut pris connoissance, il déclara qu'aucun Ministre n'étoit en droit de lui rien prescrire, qu'il jugeroit malgré eux ; et il pressoit de toutes ses forces le Jugement qui lui tenoit tant à cœur.

Opposant à cette fureur le calme d'un caractere ferme et décidé, Auguste Daguin, quand on vint l'interroger, ne répondit que par des protestations. La derniere heure alloit aussi sonner pour lui ; la voix rauque et affreuse, qui tant de fois avoit appellé la mort, alloit reproduire ces accens funebres, dont frémissoit la Justice plus encore que l'humanité, lorsqu'un Courrier extraordinaire vint les étouffer au passage.

Il apportoit deux Lettres du nouveau Ministre de la Guerre, Alex. Berthier, datées l'une et l'autre du 22 Brumaire, adressées au Général Commandant la 10.me Division Militaire. La premiere est ainsi conçue :

» Le Ministre de la Guerre, au Général Commandant la 10.me Division » Militaire.

» Le Ministre de la Justice m'annonce, Citoyen Général, que, quoiqu'il » ait adressé aux Commissaires du Pouvoir Exécutif près les Tribunaux » Civil et Militaire du Département de Haute - Garonne, des Instructions » tendantes à régulariser l'action de la Justice dans les poursuites faites » contre les Rebelles ; il semble que les Autorités Civile et Militaire s'ac- » cordent dans le vœu de violer ouvertement l'article VII de la Loi du » 30 Prairial an 3. Les Conseils de Guerre sont sans compétence quand » il ne s'agit pas d'individus pris dans des rassemblemens, et doivent en » conséquence se conformer à la Loi précitée.

» Il paroît que non seulement le deuxieme Conseil de Guerre n'a point » suivi ce principe, mais que le Citoyen Dupin, Président de ce Con- » seil, n'entend point se départir des affaires dont il est illégalement saisi. » Vous voudrez bien, au reçu de la présente, donner les ordres les plus » positifs, pour faire cesser un pareil abus, et empêcher qu'il ne se re-

» nouvelle à l'avenir. Salut et Fraternité, A. BERTHIER, *signé* ».

Avec tout autre que le Président Dupin, cette Lettre regardant Auguste Daguin, comme les autres, eut suffi pour sa sûreté; mais tout étoit à craindre de la part de celui qui déjà avoit eu si peu de déférence pour les ordres des autres Ministres, sur-tout après l'exemple d'Esquirol, de Tourreil, de Nerexi, de Daguy, dont la lettre de Cambacerès, qui devoit les sauver, avoit au contraire précipité la perte. Il falloit donc un surcroît de précaution pour cette affaire particuliere, et le Ministre de la Guerre par sa seseconde Lettre, donna l'ordre de surseoir à toutes poursuites contre lui, jusqu'à ce qu'il eut été prononcé sur sa demande en cassation de l'Ordonnance de compétence.

Cet ordre, quoique précis et bien formel, ne l'auroit pas soustrait à la mort, sans l'heureux événement, qui en nous donnant un Gouvernement juste, lui a imprimé cette force que n'eut jamais celui que regrettent si douloureusement et le Commissaire *Double* et le Président *Dupin*.

Le Citoyen *Double* n'eut pas la force de dévorer l'amertume de ses regrets. Dans un accès de sa rage impuissante, il osa dire que, sans les nouveaux événemens Auguste Daguin auroit payé bien cher sa défense vigoureuse; et que le Ministre de la Justice lui eut écrit à lui-même sur un autre ton. Il parloit d'une Lettre que le Courier extraordinaire lui avoit aussi apportée, lettre qu'il appella confidentielle, dont il fut sans doute mécontent, puisqu'il n'a pas voulu la montrer, et qui certainement étoit trop douce, puisqu'elle n'acccompagnoit pas sa destitution.

Ici se présente une réflexion qui paroîtra bien juste à ceux qui connoissent la ville de Toulouse, et s'intéressent au maintien du bon ordre, dans l'Administration de la Justice.

Si à la place de *Geraud Trebosc* nous avions eu pour Directeur du Juri, celui qui dans ce moment et depuis le 15 Brumaire en remplit les fonctions, le Citoyen *Germain*, les deux mille et tant de Prisonniers, qui ont encombré à la fois plusieurs Eglises, et la Maison de Justice, et la Maison d'Arrêt, n'auroient fait pour la plus part qu'y paroître; aucun des autres n'auroit été enlevé à la Justice ordinaire. Nous pouvons en juger par la conduite qu'il a tenue avant même que la nouvelle d'aucun changement dans le Gouvernement nous fût parvenue.

Pourquoi faut-il qu'il n'ait pas été appellé six mois plutôt à ces importantes fonctions? Et puisqu'il faut exhaler tous nos regrets; si le pouvoir d'une faction alors dominante n'avoit pas porté le citoyen Double à la place de Commissaire près le Tribunal Criminel, au lieu de celui qui n'étant d'aucune faction, la remplissoit si bien; si, d'autre part, le citoyen Dupin, plus ami de son repos et du nôtre, avoit répondu à l'appel du Ministre de la Guerre, et étoit allé loin de nos foyers recevoir le prix de ses services et de son ancienneté; combien n'aurions-nous pas été moins malheureux, dans l'attente des jours de paix et de justice, que le nouveau Gouvernement nous promet, et dont la seule espérance est déjà un grand soulagement.

Remarquons ici, combien le premier Conseil de Guerre, ressemble peu à celui que présidoit le citoyen Dupin. Il étoit en séance pour juger un malheureux garçon meûnier, dont on avoit aussi fait un chef, et qui déjà étoit dévoué à la mort par la voix consultative du Rapporteur, lorsqu'on y reçut communication de la Lettre du Ministre. Aussi-tôt les Juges vont aux opinions et se déclarent incompétens.

Ce sera donc moi qui le jugerai, s'écria le citoyen Dupin. Le Jugement est aussi-tôt attaqué; il est cassé par le Conseil de Révision, et dévolu de droit au citoyen Dupin, aussi glorieux de ce triomphe, que s'il avoit remporté des dépouilles opimes.

Mais il fallut en rabattre; ce fut par un moyen de forme, que le Jugement fut cassé : le Conseil de Révision, qui jusqu'alors n'avoit pas eu foi à l'incompétence, soumit enfin sa jurisprudence à l'empire de la Loi, et n'osa pas dire que le premier Conseil avoit eu tort de se declarer incompétent.

Que fera cependant le citoyen Dupin pour prendre sa revanche et se dédommager de la vie laissée à ce garçon meûnier? Une grande passion a de bien grandes ressources. Le citoyen *Lamothe-Vedel*, connu sous le nom de *Thermes*, et six autres prévenus arrêtés avec lui, s'étoient aussi adressés aux Ministres de la Guerre et de la Justice, et en avoient obtenu un sursis comme Auguste Daguin, sur le fondement de leur demande en cassation, dirigée contre l'Ordonnance de compétence.

Ce fut sur eux précisément et sur Auguste Daguin qu'il chercha à se venger de ce que le garçon meûnier lui échappoit : il mit en jeu à la fois et le Rapporteur *Thimbaudi* et le Capitaine *Dorez* Substitut de ce Rapporteur, qui font assigner et arriver à Toulouse cent cinquante témoins. Toute la ville est consternée d'une telle hardiesse de la part de gens essentiellement subordonnés, et dont l'insubordination pourroit être si dangereuse.

On étoit surpris que le Général *Commes* ne craignît pas de se compromettre, en autorisant cette contravention, lui à qui avoit été adressé l'ordre de faire surseoir à toutes poursuites, et qui avoit répondu qu'il s'y conformeroit; lorsque tout-à-coup le 16 Frimaire, à neuf heures du matin, il écrivit au Rapporteur Thimbaudy, que toute poursuite contre les prévenus de rebellion devoit cesser sur-le-champ, et être suspendue jusques à ce que le Tribunal de Cassation eût prononcé sur la compétence. Ce grand nombre de témoins entendus et non entendus, disparut aussi-tôt. Il en coûta deux mille francs au moins pour leur indemnité; et le citoyen Dorez qui avoit à se reprocher d'en avoir fait assigner une partie; imprima une Lettre dans la Gazette de Toulouse, où il regrettoit et sa peine et l'inutilité de cette dépense (1).

Il n'y a pas d'expression, pour peindre la fureur du citoyen Dupin, lorsqu'il eut connoissance de cet ordre précis et formel, qui s'étendoit à toutes les procédures relatives à l'insurrection royale. Il y vit la contre-révolution, la dissolution de la République, la mort prochaine de tous les Patriotes; tant il est vrai que cet homme exalté n'a rien du calme et de l'impassibilité nécessaires à tout Juge, et que doivent conserver sur-tout ceux qui exercent le terrible ministere de prononcer sur la vie et sur la mort.

Quel contraste, grand Dieu! entre l'explosion de cette rage et les idées de clémence que chacun aime à trouver dans les actes du Gouvernement! Entre l'acharnement qu'on a montré à Toulouse pour l'effusion du sang, et les espérances d'un pardon général, que font concevoir les Commissaires pacificateurs envoyés à la Vendée, et les proclamations paternelles des Délégués du Gouvernement.

Ah! si jamais il fut intéressant, si jamais il fut juste d'accorder une amnistie, c'est principalement aux Insurgés du Département de la Haute-Garonne et des environs: presque tous ont été cruellement trompés; et parmi eux se trouvent un grand nombre d'individus attachés à la Révolution, véritables Républicains, et qui ne different des patriotes leurs persécuteurs, que parce qu'ils ont toujours conservé l'amour de la justice et de l'humanité.

Sans chercher à dévoiler tous les mysteres et la premiere origine de cette étrange conspiration, il est certain que les Autorités constituées de Toulouse en ont eu connoissance, long-temps avant qu'elle éclatât, et qu'il leur étoit bien facile de l'étouffer si elles avoient voulu. Il est certain que celui qui étoit à la tête de tout, le Général *Launoi*, qui donna aux Campagnes le

(1) Journal de Toulouse, n°. 39, page 3.

signal de l'insurrection, étoit un homme envoyé par le Gouvernement d'alors, que le Gouvernement réclama lorsqu'il eut été arrêté, et qu'on renvoya libre sur une simple Lettre du Ministre de la Police générale, malgré une Procédure très-concluante. Il est certain que ceux avec qui cet homme avoit eu des relations ne furent ni mis en Jugement, ni arrêtés par mesure de sûreté; il est certain que dans leurs Conciliabules dont les secrets couroient les rues, on parloit principalement de résister à l'oppression de la Loi des ôtages; il est certain que dans les Comités du Club, on avoit mis à l'ordre de chaque jour, la question de savoir comment on s'y prendroit, pour faire appliquer cette Loi désastreuse à la ville de Toulouse et à tout le Département : il est certain que dans le plan des conspirateurs, l'insurrection devoit commencer par Toulouse; que cent hommes auroient suffi pour s'y emparer et de la Maison Commune et du Parc d'Artillerie, et que ces cent hommes ne s'y trouverent pas, parce qu'il n'y a pas de Commune dans la République, où ceux qui ont souffert le plus de la révolution, soient plus éloignés de tout esprit de révolte.

Aussi, au premier appel que firent les Administrations, vit-on accourir et s'armer pour le maintien des Lois et du Gouvernement, tous les Citoyens sans distinction d'état, de fortune et d'opinion. Pourquoi n'en fut-il pas de même dans les Communes environnantes? Pourquoi s'y souleva-t-on? Parce qu'on les trompa; parce qu'on leur dit que Toulouse étoit au pouvoir des insurgés et qu'il seroit dangereux de ne pas suivre cet exemple. D'ailleurs le plus grand nombre de ceux qui marcherent, sans trop savoir où ils alloient, furent entraînés par le torrent, ou arrachés de vive force de leurs chaumieres ou de leurs châteaux. On leur parloit d'armées nombreuses portant la cocarde blanche, comme dix ans auparavant on faisoit arriver de nombreuses bandes de brigands.

Que pouvoient faire au milieu de cette épouvante et de la confusion qui en est inséparable, les Citoyens les plus éloignés de tout changement, incertains si cette impulsion ne venoit pas du Gouvernement lui-même et si ensuite on ne leur feroit pas un crime de leur résistance?

Les premiers auteurs de l'insurrection, ceux qui étoient dans le secret de ces menées fallacieuses étoient sans doute de bien grands coupables; mais les autres quelque rang qu'on leur ait donné, ou séduits ou forcés, ne sont qu'à plaindre, et d'autant plus à plaindre, que lorsque l'illusion fut dissipée, il n'y eut aucune sûreté pour eux à revenir sur leurs pas.

Ceux qui mirent bas les armes, et se rendirent aux Républicains, furent égorgés impitoyablement; d'autres qui par des chemins détournés parvinrent à rentrer dans leurs foyers y furent également massacrés, et avec eux des femmes et des enfans, qui n'avoient pu prendre aucune part à l'insurrection, et qui ne s'opposoient même pas au pillage de leurs maisons. On dut regarder comme bien heureux ceux qui ne furent qu'enchainés et conduits à Toulouse, au mépris de la Loi et de l'amnistie publiée en conséquence.

Entassés dans des Eglises ou dans les Prisons, quiconque n'a pas péri de misere, ou par les Jugemens du Conseil de Guerre, y a langui, jusqu'à ce qu'un nouveau Directeur du Juri ait rendu à la liberté ces cadavres ambulans, qui en paroissant au grand air, en étoiént frappés comme de la foudre.

Parmi les trois ou quatre cens qui peuvent rester dans les Prisons de Toulouse, ou dans celles d'Auch, ou dans les retraites qui les recelent, y a-t-il quelque coupable? Comment le savoir? Comment l'augurer? On ne s'en rapportera pas sans doute aux informations existantes, qui sont toutes l'ouvrage des Commissaires ou des affidés du Club répandus dans les campagnes, pour choisir et endoctriner des témoins dès long-temps familiarisés avec le parjure et les fausses dépositions.

Depuis les premiers orages de la révolution, ça été un point principal de la doctrine et la pratique constante de ceux qui s'y disent *Patriotes par excellence.* A quelqu'excès qu'ils se soient portés, les dépositions de leurs freres et amis leur ont toujours été favorables : l'homme provoqué et assassiné par eux a toujours été l'agresseur et l'assassin.

C'est cette affreuse tactique qui a créé tant de chefs et de sous-chefs : expression vague, applicable à tout individu, qui sans dessein et sans commandement se seroit trouvé matériellement et accidentellement à la tête d'un peloton.

Mais enfin, y eût il quelque coupable parmi ceux qui sont dans les chaînes ou qui pourront y tomber, n'est-il pas plus avantageux à l'état de les gagner par un acte de clémence, que de les immoler sans avantage pour la chose publique?

Nous disons *sans avantage*, parce qu'après tant de sang répandu, quelques exécutions de plus sont inutiles pour l'exemple. A l'exception des hommes féroces qui ne respirent que le sang et le carnage, le renouvellement de ces exécutions seroit pénible pour les Républicains les plus décidés ; il seroit désolant pour la classe plus nombreuse de ceux dont la modération n'affoiblit pas l'attachement aux institutions républicaines.

Et à n'écouter que la voix de la justice, l'indulgence dont on useroit envers les coupables ne seroit-elle pas une compensation bien foible de l'immolation de tant d'innocentes victimes? Ah! c'est peut-être le moyen d'appaiser leurs mânes plaintifs et d'adoucir les regrets de ceux qui souffrent de leur perte.

On n'eut pas besoin de ce motif, pour étendre sur la *Vendée* le bienfait de l'indulgence nationale, après plusieurs années d'une guerre désastreuse. Que sera-ce après un léger soulevement que le premier coup de canon a soudainement appaisé ; dans un Pays jusqu'alors constamment fidele et qui peut donner encore pour gage de sa soumission à venir, la promptitude de son obéissance à la voix de l'autorité ; dans un Pays, où la réaction fut à peine sensible, quoique les agens de la terreur y eussent déployé tout ce qu'elle avoit de plus affreux ?

Ceux dont la vie fut épargnée et qu'on n'a pas même inquiétés, quand on avoit un si terrible compte à leur demander, voudroient encore du sang, et puis du sang et toujours du sang ; mais leur influence n'est point à craindre là, où doivent regner la justice et la paix ; là, où les hommes doivent être jugés et appréciés par leurs actions, et où enfin le meilleur citoyen sera celui qui remplira ses devoirs avec plus d'exactitude et de fidélité.

Les paroles de paix, d'union et de concorde, que vous avez fait entendre parmi nous, CITOYEN DÉLÉGUÉ, ne ressemblent point à ces déclamations vaines et mensongeres, dont on amusa trop souvent notre crédulité : elles sont l'expression d'une ame profondément pénétrée des vérités qu'elle annonce, et du sentiment qu'elle voudroit faire naître ou réveiller dans tous les cœurs.

Les gens honnêtes et vertueux, dont vous avez appellé la confiance, vous entourent ; empressés de vous seconder, dans l'entreprise de nous mener au bonheur, par l'obéissance aux Lois. Vous connoissez leurs vœux ; secondez-les, à votre tour, en accueillant et en présentant aux Consuls de la République la demande d'une Loi de grace, qui, en nous rendant à la liberté, resserrera les nœuds qui nous attachent à la Patrie.

Suivent les signatures.

www.ingramcontent.com/pod-product-compliance
Ingram Content Group UK Ltd.
Pitfield, Milton Keynes, MK11 3LW, UK
UKHW020459220726
13923UKWH00006B/2656